L'ENLEVEMENT,

OU

LA CAVERNE

DANS LES PYRÉNÉES.

L'ENLÈVEMENT,

OU

LA CAVERNE

DANS LES PYRÉNÉES,

Pantomime en trois actes,

DU CITOYEN........

> El silentio ancor suole
> Haver prieghi el parole.
> *Le silence aussi a ses prières et son langage.*
> (TASSO.)

Représentée pour la première fois sur le théâtre des Variétés du Palais, le 29 décembre 1792, l'an premier de la république française.

A PARIS.

De l'Imprimerie de PRAULT, Cour du Palais.

M. DCC. XCII.

<table>
<tr><td>PERSONNAGES.</td><td>NOMS DES ACTEURS.</td></tr>
<tr><td>DON PÈDRE, amant et tuteur de la signora Rosina.</td><td>Le citoyen CHARLES STOKLET.</td></tr>
<tr><td>DON CARLOS, amant préféré de Rosina.</td><td>VARENNE.</td></tr>
<tr><td>LA SIGNORA ROSINA.</td><td>La citoyenne SIMONET.</td></tr>
<tr><td>DON JUAN, majordome de Don Pèdre.</td><td>Le citoyen S. HUGUES.</td></tr>
<tr><td>CHEFS de la maison de Don Pèdre.</td><td>Les citoyens FLEURY et ARNOULD.</td></tr>
<tr><td>BARBAMO, capitaine des Brigands ou Miquelets.</td><td>Le citoyen LAFITTE.</td></tr>
<tr><td>PREMIER Chef des Miquelets.</td><td>Le citoyen TAUTIN.</td></tr>
<tr><td>CHEFS des Miquelets.</td><td>Les citoyens DELAPORTE, BAROTTEAU, JOACHIM, ROSEVILLE, TIERCELIN.</td></tr>
<tr><td>UN PAYSAN.</td><td>Le citoyen ALEXANDRE.</td></tr>
</table>

LES MIQUELETS OU BRIGANDS.

Les Écuyers, Gardes chasse et Valets de don Pèdre.

Un détachement de cavaliers de la Sainte-Hermandad.

Des Paysans et Paysannes Espagnols.

CARACTÈRES.

Don Pèdre, Grand d'Espagne, jaloux, haut, vindicatif, mais brave ; 30 à 32 ans.

Don Carlos, Seigneur Espagnol, la fierté du pays, et la galanterie Française.

Rosina, belle, sensible et romanesque, 18 ans.

Barbamo, intrépide et féroce, 56 ans.

La scène se passe dans la Navarre espagnole à l'entrée des Pyrénées.

L'ENLÈVEMENT,

OU

LA CAVERNE

DANS LES PYRÉNÉES,

Pantomime en trois actes.

ACTE PREMIER.

Le théâtre réprésente une avenue ornée de fleurs, qui conduit à un château antique flanqué de tourelles ; au-dessus de la grille de fer qui sert de porte d'entrée au château, est un balcon en pierre, sur lequel on arrive par une fenêtre grillée.

AVANT-PROPOS.

A la mort de l'épouse de Don Pédre, la Signora Rosina, orpheline dès son bas âge, est restée sous la tutelle de ce seigneur.

A 4

En grandissant, elle a développé des beautés auxquelles son tuteur n'a pas été insensible;

Le jaloux Don Pèdre a voulu en vain garder son trésor caché, et malgré les grilles et les verroux, Rosina a vu, a aimé le jeune Don Carlos, qui la paye du plus tendre retour. Le soupçonneux tuteur a dès long-temps éclairé les démarches de son rival; ses précautions ont redoublé avec sa jalousie, et sa pupille, réellement captive, ne soupire plus qu'après l'instant qui va l'arracher des prisons d'un tyran, pour la mettre entre les bras d'un amant aimé, riche et vertueux; mais elle n'a ni parens, nis amis à qui elle ôse confier sa douleur et qui puissent sécher ses larmes.

PROGRAME.

Lorsque la scène commence, Don Carlos vient avec précaution rôder autour du château, et épier l'instant où il pourra, par un geste ou un coup-d'œil, assurer Rosina qu'il ne vit que pour l'aimer et la délivrer d'un odieux esclavage.

Il entend du bruit; il écoute : c'est le village qui vient célébrer Rosina, et lui offrir des bouquets pour sa fête.

Don Carlos espère profiter de cette occasion pour faire porter un billet à sa maîtresse; il prend un bouquet, et y cache une lettre.

Le village arrive, Don Carlos reconnoît un paysan, il l'appelle, lui donne une bourse, et lui montrant la lettre que cache son bouquet, l'engage à le remettre avec adresse.

Pendant cette scène, les paysans sonnent au portique du château; aussitôt la grille de fer tourne avec efforts sur ses gonds, et en laisse voir l'intérieur sombre et antique.

Marche et entrée des gens de Don Pédre. Entrée de Don Pédre, qui, suivi de son majordome, donne la main à la Signora Rosina.

On célèbre la fête de Rosina.

Les paysans et paysannes viennent présenter leurs bouquets à Rosina ; le jaloux tuteur qui a intercepté un geste d'intelligence entre sa pupille et le paysan chargé du billet de Don Carlos ; arrache le bouquet des mains du messager mal à-droit, y trouve la lettre, la lit avec indignation, et la déchire.

Le paysan est arrété et conduit dans une des tours ; Rosina escortée par les gardes, rentre en gémissant au château, et Don Pèdre se cache dans les arbres après avoir brusquement congédié le village.

Cependant, Don Carlos inquiet sur le sort de son message, vient en scène ; les paysans lui montrent la lettre déchirée, et lui content tout ce qui vient de se passer.

Les paysans sortent.

Don Carlos passant tout-à-tour de la tendresse à la fureur, jure d'arracher sa maîtresse à la tyrannie qui l'opprime ; mais Don Pèdre, qui sans être vu, l'examine du fond du théâtre, promet bien de s'opposer à toutes ses tentatives.

Rosina paroît sur le balcon.

Son amant prend des tablettes, et lui écrit

de fuir son odieux persécuteur, à quelque prix que ce soit.

Rosina descend un ruban, auquel Don Carlos attache les tablettes.

Soudain Don Pèdre accourt et veut arracher les tablettes; mais Rosina les a enlevées.

Don Pèdre furieux met l'épée à la main et force Don Carlos à se défendre; Rosina effrayée rentre dans le château.

Combat. Le tuteur est désarmé; Don Carlos lui accorde la vie, et en lui rendant son épée, il lui demande la main de sa pupille.

Don Pèdre rejette l'épée avec dédain, et refusant une proposition qui l'offense, il rentre dans son château avec ses écuyers qui étoient accourus au bruit du combat.

Don Carlos anéanti de douleur, jure de ne plus rien ménager : il entend du bruit, il se retire, en se promettant de revenir bientôt pour enlever sa maîtresse.

(Il commence à faire nuit.)

Quelques miquelets paroissent ayant à leur tête le lieutenant de Barbamo; ils viennent

non loin de la scène d'assassiner un homme
dont ils emportent les dépouilles.

(L'éclair brille , le tonnerre gronde
dans un grand lointain.)

Les brigands veulent forcer le château ; déjà
ils ont réussi à faire sauter le grillage d'une
fenêtre ; ils aperçoivent de la lumière dans
une tourelle et se retirent.

Rosina paroît à la fenêtre de la tourelle ;
Don Carlos revient, il voit le grillage forcé ,
et invite sa maîtresse à profiter de l'heureux
hasard qui se présente, Rosina cède à ses sol-
lic   ; à peine commence-t-elle à des-
cendre, les forces l'abandonnent, elle tombe
entre les bras de son amant.

Don Carlos se sauve avec son précieux
fardeau.

(Il fait tout à fait nuit.)

(Les éclairs et le tonnerre continuent
avec plus de violence.)

Don Pédre paroît sur le balcon, désespéré
de la fuite de sa maîtresse , il se précipite
pour voler sur ses traces ; le tocsin sonne au
château , tous les gens du tuteur arrivent, il
les arme , et les divisant par petites troupes,
il sort avec eux en leur recommandant la plus
exacte recherche.

ACTE II.

Le théâtre représente l'intérieur d'une caverne éclairée par une lampe sépulcrale : dans le fond à droite est un escalier creusé dans le roc ; cet escalier conduit à une tour dont on voit la naissance entre des rochers au-dessus de la caverne ; cette tour sert de retraite au chef des Miquelets. A gauche est une issue qui de rochers en rochers conduit en gravissant à une trappe par laquelle on s'introduit dans la caverne ; auprès de la trappe à travers une vaste cavité, on distingue une chaîne de rochers, formée par les Pyrénées, et au-delà, dans un extrême lointain, les plaines fertiles de la Haute-Navarre, qu'arrose l'Arga.

Au lever du rideau, tous les brigands sont endormis, et couchés çà et là au milieu des débris d'une orgie qu'ils ont faite la veille.

Barbamo descend dans la caverne ; il éveille les Miquelets, et leur reproche de ne pas être en campagne, lorsque déjà il est grand jour.

Un détachement sort par la trappe du fond.
Barbamo remonte dans sa tour.

Les brigands restés dans la caverne se mettent à boire ; trois d'entr'eux se disposent à jouer aux cartes. Deux des joueurs se concertent pour tromper le troisième. On joue ; le Miquelet duppé s'apperçoit de la supercherie, et tandis que son joueur ramasse son gain sur la table, il tire son poignard et veut en percer son adversaire, celui-ci se relève vivement, le poignard s'enfonce dans la table, et les brigands accourus du fond de la scène, se groupant au tour de l'assassin, l'empêchent de redoubler.

Dans ce moment ils entendent frapper quatre coups sur la trappe.

C'est le signal qui annonce le retour de leurs camarades.

La trappe s'ouvre et des Miquelets paroissent, conduisans Don Carlos et Rosina enchaînés.

Barbamo vient en scène, et du moment où il aperçoit Rosina, son regard farouche se radoucit.

Bientôt il reprend sa férocité ; il annonce à Rosina d'une manière brutale qu'il faut qu'elle se décide à devenir sa compagne ; et pour gage de sa foi il lui donne un affreux baiser.

Don Carlos veut se précipiter sur Barbamo, on l'arrête.

Les deux amants lui offrant leur or et leurs bijoux, le supplient de ne pas les séparer.

Il se rit de leurs prières. Don Carlos insiste. Le brigand irrité déclare à Rosina que son amant va être massacré à ses yeux, si elle ne consent sur-le-champ à satisfaire ses désirs.

Rosina se jette à ses pieds, mais c'est en vain : elle veut périr avec son époux; on l'arrache de ses bras ; il est renversé ; le glaive est levé sur sa tête, les brigands n'attendent qu'un signal de leur barbare chef pour exterminer Don Carlos......

Tout-à-coup on entend dans le lointain trois ou quatre coups de pistolet, et l'on frappe à coups précipités à l'entrée de la trappe.

Les brigands s'arrêtent, Barbamo met le sabre à la main, la trappe s'ouvre.

Quelques Miquelets effarés, hors d'haleine, se précipitent dans la caverne et annoncent à leur chef qu'ils viennent d'être attaqués dans les Pyrénées par un parti de gens armés, qu'ils supposent être à la recherche de Rosina et de Don Carlos. Les deux amans tombent à genoux et implorent le ciel.

Cependant Barbamo fait saisir Rosina qu'on emporte dans la tour. Par un rafinement de cruauté il veut que Don Carlos combatte contre des gens qu'il croit venus à son secours; il l'arme d'un sabre et désigne deux des chefs qui doivent le suivre par-tout, et lui brûler la cervelle s'il mollit dans le combat.

Tous les brigands mettent le sabre à la main, et Don Carlos est forcé de jurer avec eux de vaincre ou mourir pour Barbamo.

Après le serment, ils se forment par pelotons et sortent tous par la trappe en témoignant une joie atroce.

ACTE III.

Le théâtre représente un site des Pyrénées. Dans le fond est un torrent sur une masse de rochers, au milieu desquels est l'entrée sombre et tortueuse qui conduit à la trappe de la caverne. A gauche est une tour antique couverte de mousse ; elle est couronnée par un donjon à demi ruiné : cette tour n'a pour entrée apparente qu'une porte de fer qui s'ouvre sur elle-même ; mais elle communique avec l'intérieur de la caverne , par l'escalier taillé dans le roc qu'on a vu dans l'acte précédent.

Barbamo suivi de tous ses brigands et de Don Carlos, que deux chefs le pistolet au poing gardent toujours à vue, sort de la caverne et s'avance en scène avec précaution.

Il ordonne à un de ses Miquelets de grimper sur le rocher le plus escarpé pour plonger dans la campagne ; le Miquelet , du haut du rocher , fait signe qu'il ne découvre rien encore.

On place des sentinelles avancées, et alors Barbamo tranquille et certain d'être averti de l'approche des ennemis, veut jouir à son aise de la douleur de ses prisonniers.

Il conduit Don Carlos vers la tour, et poussant le ressort de la porte elle tourne sur elle-même, et laisse voir à travers une grille de fer la signora Rosina gémissant dans un affreux cachot.

Barbamo semble s'abreuver avec délices des larmes qu'il fait répandre.

On entend du bruit ; la porte de fer se referme.

Le brigand placé sur le rocher, descend avec précipitation et annonce qu'il a vu les ennemis s'avancer dans la campagne : les sentinelles perdues se replient et confirment cette nouvelle.

Alors Barbamo divisant sa troupe, la fait cacher à droite et à gauche ; quant à lui, suivi de Don Carlos et d'un fort détachement, il va se poster dans les rochers au fond de la scène, en recommandant le plus profond silence.

Des cavaliers de la Ste. Hermandad entrent

en scène, Don Pèdre les suit avec son majordome et tous ses gens.

Cette tour abandonnée, ces rochers qui se
perdent dans les nuës, cette entrée de caverne
qui masquant la trappe pour tous ceux qui
n'ont pas le secret, semble être le repaire des
bêtes féroces plutôt qu'une retraite fabriquée
pour des hommes : tout persuade à Don Pèdre
que cet endroit est tout-à-fait désert.

En conséquence il commande halte à sa
troupe et permet qu'on se repose un moment.

Don Pèdre appuyé contre la tour, se plaint
à son majordome du peu de succès de ses
recherches.

Il entend des gémissemens souterrains ; surpris, il écoute et ne tarde pas à se convaincre
que cette tour renferme sa maîtresse. Il se
lève et veut en briser la porte.

Barbamo paroît sur les rochers, et ajustant
Dom Pèdre il lui tire un coup de pistolet qui
mal dirigé va tuer un de ses écuyers.

Don Pèdre se retourne et donne le signal
du combat ; mais ses gens surpris de cette
attaque imprévue et entourés de brigands qui
les chargent le sabre à la main, ne peuvent
résister et plient de tous côtés.

Barbamo les poursuit.

Don Carlos resté seul en scène avec les deux chefs qui l'observent, va être forcé à suivre Barbamo et à aider à sa victoire.

Don Pédre paroît à la tête d'un peloton qu'il a rallié ; sa rage redouble en voyant Don Carlos qu'il croit le seul auteur de tous ses maux ; il veut fondre sur lui. Un des brigands qui surveillent Don Carlos pose son pistolet sur l'estomach de Don Pédre ; Don Carlos s'élance, détourne le coup et blesse le brigand qui s'enfuit. Don Carlos a sauvé la vie au tuteur de son amante , il se range sous ses drapeaux , les deux rivaux s'embrassent.

Pendant ce temps le second brigand poursuivi de rochers en rochers par un écuyer de Don Pédre, en a gagné la cime ; l'écuyer qui ne peut gravir comme lui, l'atteint d'un coup de pistolet et le renverse dans un précipice.

Dès ce moment la victoire se déclare pour les espagnols, Don Carlos et Don Pédre la fixent par des prodiges de valeur, et les brigands sont dispersés.

Les espagnols les poursuivent à leur tour ; mais Don Carlos que l'amour ramène auprès de l'endroit où respire Rosina , revient au pied de la tour.

Barbamo qui s'est cru un moment victorieux , arrive , et voyant Don Carlos en liberté il l'ajuste et le manque d'un coup de pistolet ; ils mettent le sabre à la main.

Le combat est vif et opiniâtre.

Le brigand est désarmé.

Don Carlos le poursuit ; Barbamo pousse le ressort de la porte de fer , elle tourne sur elle-même , et quand son rival croit le percer il est déjà dans la tour.

Don Carlos est désespéré. Don Pèdre entre en scène ; ils se concertent pour enlever Rosina à la barbarie de leur féroce adversaire. Don Pèdre sort pour rallier ses gens trop emportés à la poursuite des Miquelets.

Cependant Barbamo un poignard à la main , paroît sur le sommet ruiné de la tour , et traînant par les cheveux l'infortunée Rosina il veut la poignarder aux yeux de son amant.

Don Carlos égaré , hors de lui , ramasse une carabine qui est restée sur le champ de bataille et menace Barbamo de faire feu sur lui s'il ne met sur-le-champ sa maîtresse en liberté.

Barbamo se rit de ses menaces, Don Carlos le met en joue ; celui-ci lui présente sa maîtresse. Don Carlos désespéré cherche à atteindre l'un sans blesser l'autre ; mais chaque fois qu'il veut l'essayer, Barbamo trouve le moyen en se dessinant dans différentes postures, d'opposer Rosina comme un bouclier.

A la fin Barbamo voyant qu'il est inutile de lutter plus long-temps contre sa mauvaise fortune, que tous ses soldats sont morts ou en fuite, que Don Pèdre qu'il apperçoit dans la campagne, revient à la tête de tous ses gens pour l'accabler, et qu'il ne peut échapper à la mort ; prend la résolution dans son désespoir de poignarder Rosina et de s'immoler ensuite lui-même.

Il lève le poignard avec violence sur le sein de sa victime ; mais comme il se découvre par ce mouvement, Don Carlos qui le guette profite de l'avantage et lâche un coup de carabine.

L'adresse et le hazard ont servi l'amour, le brigand tombe mort ; Rosina délivrée est à genoux et remercie le ciel.

Don Pèdre et tous ses gens entrent en scène.

Don Carlos a pénétré dans la tour par la porte de fer que l'on a brisée ; il paroît sur le donjon, enlève Rosina entre ses bras, et la conduit en scène.

Rosina se jette aux genoux de son tuteur, qui la relève et l'unit à celui qu'elle aime et qui leur a sauvé la vie.

Fin du troisième et dernier acte.

www.ingramcontent.com/pod-product-compliance
Lightning Source LLC
LaVergne TN
LVHW021446060726
842527LV00006B/2077